> ¿Cómo puedo ayudar?
> Para eso están los amigos™

CÓMO AYUDAR A UN AMIGO QUE ESTÁ SIENDO INTIMIDADO

Corona Brezina

ROSEN PUBLISHING
New York

Published in 2017 by The Rosen Publishing Group, Inc.
29 East 21st Street, New York, NY 10010

Copyright © 2017 by The Rosen Publishing Group, Inc.

First Edition

All rights reserved. No part of this book may be reproduced in any form without permission in writing from the publisher, except by a reviewer.

Library of Congress Cataloging-in-Publication Data

Brezina, Corona
Traducción: Alberto Jiménez

Title: Cómo ayudar a un amigo que está siendo intimidado (Helping a friend who is being bullied) / Corona Brezina.
Description: First edition. | New York : Rosen Publishing, 2017. | Series: How can I help? Friends helping friends | Includes bibliographical references and index.
ISBN 9781499466249 (library bound) | ISBN 9781499466225 (pbk.) | ISBN 9781499466232 (6-pack)
Subjects: LCSH: Bullying—Prevention—Juvenile literature. | Bullying—Juvenile literature. | Bullying in schools—Juvenile literature.
Classification: LCC BF637.B85 B74 2017 | DDC 302.34/3—dc23

Manufactured in China

CONTENIDO

INTRODUCCIÓN 4

CAPÍTULO 1
RECONOCER LA INTIMIDACIÓN 7

CAPÍTULO 2
COMPRENDER LAS CONSECUENCIAS DE LA INTIMIDACIÓN 14

CAPÍTULO 3
¿POR QUÉ ESTÁ SIENDO INTIMIDADO TU AMIGO? 20

CAPÍTULO 4
¿ERES EL TESTIGO? 27

CAPÍTULO 5
BUSCAR AYUDA 34

CAPÍTULO 6
ESTRATEGIAS Y RECURSOS 41

CAPÍTULO 7
LECCIONES PARA LA VIDA 47

GLOSARIO 53
PARA MÁS INFORMACIÓN 55
PARA LEER MÁS 58
BIBLIOGRAFÍA 59
ÍNDICE 61

INTRODUCCIÓN

Es una situación que se repite a diario en Estados Unidos, en todo el país, y quizá en tu propio centro escolar. Un alumno, el intimidador, más corpulento, más popular o más agresivo que los otros, elige a una víctima para agredirla físicamente, burlarse de ella o difundir rumores a su costa. Sea cual sea el sistema, la víctima es incapaz de defenderse y la intimidación prosigue. Pero hay un tercer personaje: el testigo. Su reacción es crucial para decidir el resultado del asunto. ¿Se alía con el intimidador, no hace nada o defiende a la víctima?

La intimidación es un problema grave y generalizado. Según un informe de 2014 del Ministerio de Educación estadounidense, el 22% de los alumnos de doce a dieciocho años habían sido intimidados, y más o menos el 7% había sufrido ciberintimidación. En estos porcentajes el número de chicas era mayor, pero los chicos fueron objeto de más agresiones físicas.

Si tienes un amigo o una amiga que está siendo intimidado, sentirás angustia, indignación y tristeza. Si la víctima es amiga íntima ,estarás deseando ayudarla, pero no sabrás muy bien cómo hacerlo. Hasta cuando el afectado es un simple conocido, si no haces nada, te sentirás culpable.

Al ser intimidada, la víctima se siente muy sola. Por eso, tener un amigo a su lado es fundamental para sobrellevar la traumática experiencia.

En el caso de un amigo, una de las mejores formas de prestarle ayuda es serle fiel y mantener la amistad, ya que una característica de muchas víctimas es su aislamiento social, quizá por timidez o porque les cuesta relacionarse con sus compañeros. Sin embargo, el círculo de amistades constituye una buena protección contra los agresores.

Otra forma de apoyar a la víctima es animarla a que hable con un adulto. A los chicos no suele gustarles delatar o «soplar» algo de sus iguales, pero en un asunto tan grave

CÓMO AYUDAR A UN AMIGO QUE ESTÁ SIENDO INTIMIDADO

como este, contárselo a un adulto no es delatar a nadie, es informar. Ten en cuenta que la intimidación provoca, a corto y largo plazo, un daño emocional que puede dejar secuelas de por vida.

Anímala a contárselo, en primer lugar, a sus padres, que la apoyarán y la orientarán para combatir la situación. También los profesores y las autoridades escolares deben saberlo a fin de tomar medidas. En casos extremos, será necesario recurrir incluso a la policía. Mediante profesionales de salud mental, como terapeutas, psicólogos, psiquiatras y orientadores, la víctima se recobrará del trauma causado por la intimidación y prevendrá sus consecuencias.

Por otra parte, promover un entorno libre de intimidación beneficiará a todo el centro escolar.

CAPÍTULO UNO

RECONOCER LA INTIMIDACIÓN

La intimidación física no es lo mismo que una pelea entre iguales. En la primera hay un desequilibrio de poder, como ocurre cuando dos chicos mayores atacan a otro pequeño.

La intimidación disminuye la autoestima de la víctima y puede conducir al aislamiento, precisamente a una edad en que los jóvenes ansían la aceptación de sus iguales.

CÓMO AYUDAR A UN AMIGO QUE ESTÁ SIENDO INTIMIDADO

La intimidación consiste en el comportamiento agresivo hacia objetivos incapaces de defenderse o contraatacar. Las bromas o las burlas leves son típicas entre iguales, pero los intimidadores no hacen eso, ellos seleccionan muy bien a la víctima. Algunas veces actúan abiertamente; si a un amigo tuyo le empujan o le provocan, sabes sin duda que le están intimidando. Pero ¿qué pasa con los ataques más sutiles, como los rumores maliciosos o las bromas incesantes que, en palabras del agresor, son solo para divertirse? El primer paso para ayudar a la víctima es reconocer la intimidación.

Esta consiste en un modelo de comportamiento intencionadamente lesivo que sucede de forma reiterada y, casi siempre, incluye un desequilibrio de poder entre intimidador y víctima: aquel suele ser mayor, más fornido, más violento o más popular. Además, la intimidación es premeditada, no el resultado de la inconsciencia o la grosería. El acosador elige un objetivo, le hace daño con deliberación y disfruta viéndolo sufrir. Como hemos dicho, no se trata de una ocurrencia aislada: intimidador y víctima saben que volverá a pasar. Esta perspectiva infunde en la víctima una sensación de temor que la persigue allá donde vaya.

TIPOS DE INTIMIDACIÓN

La más reconocible es la física. El chico más corpulento empuja, zancadillea, golpea, pellizca, tira del pelo o escupe a la víctima. También incluye gestos amenazadores, actitud desafiante (por ejemplo, violación del espacio personal), robo y destrucción de objetos personales; en ocasiones, el intimidador exige que se le dé dinero bajo amenaza de

> La intimidación física no es lo mismo que una pelea entre iguales. En la primera hay un desequilibrio de poder, como ocurre cuando dos chicos mayores atacan a otro pequeño.

romper un trabajo escolar. Este tipo de intimidación acarrea a menudo sanciones disciplinarias, porque al causar señales visibles en cuerpo, ropa o pertenencias, llama más la atención de los adultos. Sin embargo, no hay que olvidar que también provoca daños psicológicos, como angustia o inquietud.

De todas formas, el agresor no tiene necesidad de servirse de la fuerza para hacer daño. El tipo más corriente de intimidación es la verbal, donde las palabras hirientes se utilizan a modo de armas. Incluye motes e insultos, en general relacionados con el aspecto físico, la raza, la orientación sexual o la idiosincrasia personal, y amenazas. Este tipo de intimidación es más difícil de detectar para los profesores y otros adultos, y más fácil de negar para el intimidador.

Sin embargo, también resulta devastadora para la confianza y la autoestima del acosado.

Otro tipo de intimidación es la social o relacional, donde se persigue el aislamiento de la víctima. A veces, el intimidador consigue que sus compañeros no la inviten a sus actividades, hablen mal de ella o la humillen en público, y, en casos extremos, que hasta los amigos íntimos le den de lado. A una edad en que el mayor deseo de los jóvenes es encajar e integrarse, este tipo de intimidación causa un trauma espantoso, pero el mero hecho de que mantengas tu amistad ayudará a mitigarlo. Al igual que ocurre con la intimidación verbal, la relacional es difícil de probar.

Los tres tipos de intimidación suelen solaparse e ir en aumento. Por ejemplo, un único incidente incluye elementos de los tres, o la verbal degenera en física.

¿ESTÁ TU AMIGO SIENDO INTIMIDADO?

Aunque conozcas los diversos tipos de intimidación, es probable que la ignores si no la presencias, ya que a veces la víctima guarda silencio. Su resistencia a contarlo obedece principalmente a dos razones: vergüenza y miedo. Vergüenza por el propio hecho de haber sido elegida y no ser capaz de hacerle frente; miedo de tener que contárselo a un adulto si tú se lo propones y, sobre todo, de que la consideres débil y acabes por despreciarla.

En general, la respuesta depende de la personalidad. Mientras que algunas víctimas se defienden, otras se resignan y se encierran en sí mismas. Por eso hay que estar pendiente de las señales de alarma, ya sean físicas (cardenales,

CIBERINTIMIDACIÓN

Hasta hace dos décadas, los jóvenes se libraban de los acosadores en cuanto los perdían de vista, aunque fuese temporalmente. Esto ha cambiado con la era de internet y el nuevo fenómeno de la ciberintimidación, porque el acoso prosigue en cualquier momento y lugar. Ocurre sobre todo en medios sociales como Facebook y Twitter, y las herramientas para intimidar incluyen textos, correos, mensajería instantánea, salas de chats, tablones de mensajes y ciertas aplicaciones de teléfonos celulares. El ciberintimidador insulta y difunde rumores —como en el caso de la intimidación verbal—, o suben fotos y vídeos hirientes que, una vez publicados y compartidos, son difíciles de eliminar. Por si fuera poco, la tecnología le ofrece un arma más: el anonimato. El intimidador oculta su identidad, suplanta a la víctima o se hace pasar por un tercero para humillarla o engañarla. El alcance de este tipo de intimidación es mayor que el de otros, ya que los medios electrónicos cobran cada vez más importancia en la vida de los jóvenes.

rasgones en la ropa, pérdida de objetos personales), de comportamiento (cambios en la rutina o la forma de actuar) o psicológicas (ansiedad, depresión…). En cuanto a los cambios en la rutina, la víctima evitará situaciones y lugares donde haya habido ataques. Además, demostrará inquietud cada

La víctima de la intimidación suele sentirse muy sola, lo que ocasiona cambios notables en su estado de ánimo y sus actos.

vez que consulte su correo electrónico o entre en los medios sociales. Si observas cualquiera de estos signos, ten presente que puede deberse a una intimidación.

En ocasiones, el estrés psicológico causado por el acosador perjudica también la salud de la víctima, que sufre trastornos inexplicables y frecuentes, como dolores de estómago o de cabeza. Si la intimidación llega a ser realmente grave, dejará de asistir a clase o hablará de fugarse.

HECHOS Y MITOS

MITO: La intimidación endurece a la víctima porque fortalece el carácter.

HECHO: En la mayoría de los casos, la intimidación causa graves problemas de autoestima y disminuye la capacidad de enfrentarse a la vida diaria.

MITO: Los testigos son neutrales.

HECHO: La neutralidad anima a los intimidadores: está demostrado que les encanta tener público.

MITO: Contárselo a un adulto empeora las cosas.

HECHO: Los padres, los profesores y otros adultos deben saberlo para intervenir. En ellos recae la mayor responsabilidad de ayudar a quien se siente aislado, indefenso, desesperado y desgraciado por el acoso de un igual.

CAPÍTULO DOS

ENTENDER LAS CONSECUENCIAS DE LA INTIMIDACIÓN

Aunque seas consciente del problema, quizá creas que no es para tanto. Se trata de una experiencia horrible, pero muchos chicos la sufren y no les pasa nada, ¿no? Por el contrario, la intimidación puede causar daños permanentes. Incluso algunos famosos, como el comediante Chris Rock o la actriz Jennifer Lawrence, consideran que fue un obstáculo en su carrera hacia el éxito. Lo que es más, en casos extremos puede provocar una tragedia. Si una persona está siendo intimidada, tu apoyo será fundamental.

EL DAÑO QUE CAUSA LA INTIMIDACIÓN

A corto plazo, puede enfermar a la víctima, ya que provoca un estrés al que el organismo responde continuamente con la disyuntiva «lucha o escapa». Los humanos desarrollaron esta reacción a fin de aumentar su fortaleza y sus reflejos en tiempos de grandes peligros. El ritmo cardíaco se acelera y las pupilas se dilatan, por ejemplo, para proporcionar el máximo rendimiento, pero una vez que la amenaza desaparece, la normalidad se recupera. Sin embargo, los estresantes actuales, como la intimidación, producen un estado de tensión continua que impide relajarse, por lo que muchas víctimas presentan síntomas físicos, como pérdida de apetito, cansancio y cefaleas (dolores de cabeza).

Las víctimas también padecen consecuencias psicológicas y emocionales, entre las que destacan la frustración y la desesperanza. Las tímidas se vuelven más introvertidas y las extrovertidas más irritables. En general, todas corren el riesgo de sufrir trastornos mentales, como ansiedad, ataques de pánico y depresión. Por si fuera poco, la intimidación corroe su confianza y su autoestima, tanto que a veces la respuesta de «lucha o escapa» se transforma en la de «aprende a ser indefenso».

Los intimidadores seleccionan a compañeros que responden con miedo al acoso. Demostrar seguridad evita convertirse en una víctima frecuente.

CÓMO AYUDAR A UN AMIGO QUE ESTÁ SIENDO INTIMIDADO

La intimidación provoca además consecuencias sociales, ya que la víctima se siente muy sola. Mientras la persecución continúe, le costará mucho confiar en otros

CONSECUENCIAS PARA EL INTIMIDADOR

Lo creas o no, la intimidación repercute también en el agresor. Al tratar el tema, solemos centrarnos en los perjuicios causados a la víctima, ya que es difícil preocuparse por quien disfruta haciendo daño a personas vulnerables, pero el atacante también sufre a largo plazo las consecuencias de sus actos.

No es fácil explicar por qué hay jóvenes que intimidan, aunque suelen provenir de familias en las que hay malos tratos. A menudo tienen problemas para construir relaciones saludables con sus iguales, ya que tienden a reproducir los modelos aprendidos en el hogar, que traspasan las fronteras impuestas por las reglas sociales.

En cualquier caso, aunque en el centro escolar se salgan con la suya, más adelante se enfrentarán a las consecuencias. Serán propensos a convertirse en alcohólicos o toxicómanos, a mantener relaciones sexuales de riesgo, a meterse en peleas o a cometer actos vandálicos u otros delitos, e incluso a agredir a sus parejas e hijos. Todos estos factores coartarán su futuro vital y profesional.

jóvenes y en los adultos, incapaces de evitar el acoso, y a veces rechazará a los amigos o tendrá problemas para hacer nuevas amistades. La intimidación prolongada perjudicará su capacidad de crear relaciones interpersonales durante toda la vida. Si tienes un amigo o amiga que se refugia en el silencio o en la negación, acércate a él y trata de averiguar qué pasa, sospeches o no la presencia de intimidación.

Es más que probable que esas consecuencias físicas, emocionales y sociales afecten a su vez al rendimiento escolar. Para una víctima de intimidación, los deberes tienen poca importancia en comparación con la necesidad de planear estrategias que garanticen su seguridad. La angustia y el miedo le impedirán participar en las actividades escolares, sus notas empeorarán y faltará a clase. Hay estadísticas que demuestran que las víctimas de intimidación son más propensas a dejar los estudios.

Además, algunas tienen secuelas de por vida: al llegar a la madurez, sufren ansiedad o depresión, son muy

El intimidado suele tener problemas para concentrarse en los deberes. La presión de padres y profesores para que mejore su rendimiento solo aumentará su ansiedad y su estrés.

CÓMO AYUDAR A UN AMIGO QUE ESTÁ SIENDO INTIMIDADO

solitarias o les cuesta mucho hacer amistades, y reaccionan con demasiada sensibilidad a las críticas y a las agresiones. Por si fuera poco, el mal expediente escolar les acarrea dificultades académicas y profesionales.

CASOS EXTREMOS

A veces, la intimidación las obliga a tomar medidas drásticas, piensan en el suicidio y en ocasiones llegan a quitarse la vida. Pese a la amplia cobertura informativa que estos casos suscitan, ni son frecuentes ni suelen deberse únicamente a la intimidación escolar, ya que acostumbran a tener causas subyacentes, como conflictos familiares o enfermedades

En 2013, el joven de quince años Jadin Bell, de Oregón, se mató tras haber sido intimidado. Aquí, su padre, Joe, se prepara para recorrer Estados Unidos a fin de protestar contra la intimidación.

psicológicas. Sin embargo, es obvio que la intimidación contribuye a agravar cualquier problema.

También existe una relación entre la intimidación y los tiroteos escolares. Un estudio realizado por el Servicio Secreto estadounidense demuestra que uno de los pocos factores comunes entre los tiradores era haber sido intimidados. Como ocurre en el caso anterior, en general es muy raro que las víctimas tomen represalias tan violentas.

Estos incidentes son escasos, pero demuestran el daño que ocasiona la intimidación. Si tienes un amigo o amiga que habla de suicidio o de tomar medidas para vengarse, cuéntaselo de inmediato a un adulto, ya sea un familiar o un funcionario escolar. En un caso así, la intervención rápida es crucial.

CAPÍTULO TRES

¿POR QUÉ ESTÁ SIENDO INTIMIDADO TU AMIGO?

«¿Por qué a mí?», se pregunta la víctima, que siente angustia, frustración y desesperanza sin entender siquiera por qué ha sido elegida. A veces, pondrá buena cara y fingirá que no pasa nada, pero sí pasa.

Aunque tú sabes que tu amigo o amiga es una persona estupenda, para el acosador no es más que un objetivo. Quizá se haya convertido en víctima por alguna característica personal o, simplemente, porque estaba en mal lugar en mal momento. Sea como fuere, la intimidación no debe justificarse jamás: ninguna persona tiene que sufrir por el mero hecho de ser distinta.

CUESTIÓN DE PODER

Como hemos dicho, la intimidación es sobre todo una cuestión de poder. El intimidador suele cebarse en alguien más pequeño, más callado o más sensible que él. Cuando la gente imagina un episodio de intimidación, la mayoría ve a un chico fuerte golpeando a otro más débil, pero el acosador puede contar con otras ventajas. En ocasiones, tiene información personal capaz de hacer más daño que una paliza. En tal caso, no perderá un segundo en difundirla, en el centro escolar mediante rumores y fuera de él a través de internet.

En general, la intimidación se centra en alumnos que se distinguen de los demás, ya sea por raza, etnia, orientación sexual (los jóvenes LGBT, es decir, lesbianas, gays, bisexuales y transgénero corren alto riesgo de ser intimidados), características físicas o intelectuales (un buen expediente escolar puede convertirse en motivo de acoso), o nivel económico (los compañeros con bajos ingresos también son un objetivo favorito, no tanto por ser pobres, sino por no

Los aparatos electrónicos y los medios sociales son instrumentos para estar en contacto con los amigos, pero en manos de intimidadores se convierten en armas para atacar a las víctimas.

llevar ropa de marca ni poder permitirse viajes o actividades como los deportes). También los chicos con discapacidad física o mental se convierten a menudo en objetivos, ya que

PARA LOS JÓVENES LGBT, MEJORA CON EL TIEMPO

Los jóvenes LGBT corren mayor riesgo de ser intimidados que otros adolescentes, y la intimidación pasa factura a su bienestar: tenderán a sufrir depresión, toxicomanías e intentos de suicidio. En un entorno solidario, sin embargo, estos estudiantes prosperan.

En 2010, el escritor y activista gay Dan Savage subió un video para decirles que todo «mejora» con el tiempo. Quiso difundir el mensaje tras una serie de suicidios de jóvenes LGBT que habían sido intimidados. Savage escribió en un artículo: «Ojalá hubiera podido hablar con Billy cinco minutos, ojalá hubiera podido decirle que esto mejora». Posteriormente, muchos otros activistas, famosos y gente corriente subieron sus propios videos «mejora» hasta Barack Obama aseguró a los jóvenes que todo «mejoraba».

Desde entonces, Mejora se ha convertido en una organización dedicada a combatir la intolerancia. Su misión consiste en «decirle a la juventud lesbiana, gay, bisexual y transgénero de todo el mundo que esto mejora, y crear y motivar los cambios necesarios para que ellos noten esa mejoría».

se distinguen por su aspecto o su comportamiento; quienes padecen autismo, por ejemplo, tienen dificultad para percibir las señales sociales.

Sea cual sea la razón para elegir a la víctima, el intimidador se aprovecha del miedo que provoca. Si en el primer episodio de intimidación la víctima responde amedrentándose, lo más probable es que la intimidación prosiga. Sin embargo, si reacciona asertivamente o se marcha sin demostrar temor, es probable que evite la escalada intimidatoria.

Como hemos dicho, aunque lo más frecuente es que las víctimas se vuelvan pasivas y retraídas, otras reaccionan contraatacando. En este caso, pueden adoptar una conducta

Según los expertos, es mejor no responder a los intimidadores, pero a veces una reacción asertiva les demuestra que su objetivo no es fácil de amedrentar.

perturbadora que les cause problemas para conectar con sus iguales, quienes piensan que se ha metido en el lío debido a su forma de actuar.

Un factor común entre las víctimas es el aislamiento social, ya que no suelen contar con el apoyo de los amigos. En tal caso, la intimidación las mete de lleno en un círculo vicioso, debido a su dificultad de hacer nuevas amistades. En ocasiones, ello conlleva que otros chicos las vean también como objetivos.

Para muchas víctimas, la vida resulta más fácil cuando salen del instituto y escogen su centro de enseñanza y su círculo social. Entonces, amigos e iguales reconocen que son especiales y con talento, no personas diferentes que merezcan ser intimidadas. Si tienes un amigo o amiga que esté siendo intimidado por su identidad o sus características, recuérdale que no deje que los actos del agresor disminuyan su autoestima.

PAPELES DE LA INTIMIDACIÓN

La intimidación no consiste en un mero intimidador contra víctima. El sitio web sobre intimidación del Gobierno federal de Estados Unidos, stopbullying.gov, los denomina *persona que intimida* y *persona intimidada*. Las etiquetas de *intimidador* y *víctima* envían el mensaje de que sus papeles son inalterables, por lo que el agresor estará menos dispuesto a cambiar de comportamiento y la víctima a buscar ayuda. Además, ambos son más complejos de lo que indican sus etiquetas.

Las víctimas de intimidación tienden a reproducir el comportamiento de sus intimidadores, lo que ocasionará la alienación de nuevos iguales.

Estas simplifican la dinámica real entre iguales, ya que los roles cambian y los chicos se comportan de manera distinta según el contexto. Otra de las consecuencias de la intimidación es que, a veces, las víctimas se convierten en agresoras. Estas víctimas intimidadoras pretenden vengarse reproduciendo el comportamiento que les hizo daño, y, con el paso del tiempo, suelen tener más dificultades que los propios intimidadores o víctimas. Si tienes un amigo o amiga que reaccione a la intimidación acosando a otros, pídele que resista la tentación y dile que cuenta con recursos para recobrarse de la experiencia.

DIEZ GRANDES PREGUNTAS PARA EL ORIENTADOR ESCOLAR

1. ¿CÓMO ELIGEN SUS OBJETIVOS LOS INTIMIDADORES?
2. ¿QUÉ DIFERENCIA HAY ENTRE UN CONFLICTO FÍSICO Y UNA INTIMIDACIÓN FÍSICA?
3. ¿HAY DIFERENCIAS ENTRE UNA BROMA Y UNA INTIMIDACIÓN VERBAL?
4. ¿CUÁLES SON LOS SIGNOS DE LA INTIMIDACIÓN RELACIONAL?
5. ¿CÓMO ME PROTEJO DE LA CIBERINTIMIDACIÓN?
6. ¿QUÉ DEBE HACER EL TESTIGO DE UNA INTIMIDACIÓN?
7. ¿QUÉ RECURSOS PARA LAS VÍCTIMAS TIENE LA ESCUELA?
8. ¿DÓNDE SE OBTIENE UNA COPIA DE LA POLÍTICA DE LA ESCUELA SOBRE INTIMIDACIÓN?
9. ¿CÓMO SE CURAN LAS VÍCTIMAS PARA RECUPERAR SU VIDA NORMAL?
10. ¿QUÉ DIFERENCIAS HAY ENTRE INTIMIDACIÓN Y HOSTIGAMIENTO?

CAPÍTULO CUATRO

¿ERES EL TESTIGO?

En muchos episodios de intimidación, otros chicos miran mientras el intimidador ataca a la víctima, ellos interpretan el tercer papel de la situación: el de testigos. Si hay otros alumnos presentes, el intimidador suele ofrecerles un espectáculo, porque espera que le animen o, al menos, que no tomen partido. Asimismo, si nadie condena su comportamiento, los testigos tenderán a pensar que la intimidación está bien y la imitarán.

Si presencias la de un amigo o amiga, sentirás la tentación de pensar que no puedes hacer nada por ayudarle, pero ya que callarse refuerza el mensaje de que la intimidación es aceptable, el rol de testigo es muy importante. Después de todo, quien toma la decisión de intervenir o no es él.

NO TE LIMITES A MIRAR

La mayoría de los testigos no son neutrales. Juegan varios papeles, desde secuaces del intimidador a defensores de la víctima. Muchos se sienten incómodos al presenciar la agresión, pero acaban participando aunque no quieran.

CÓMO AYUDAR A UN AMIGO QUE ESTÁ SIENDO INTIMIDADO

Como suele decirse, en la intimidación no hay testigos inocentes.

Algunos son aliados del intimidador: siguen su liderazgo y colaboran en la agresión. Estos secuaces no la empiezan por su cuenta, pero apoyan al agresor y acatan sus instrucciones. A veces, se alían en un grupo de iniciados para menospreciar a los extraños.

Los animadores actúan como un público apreciativo, aunque no agredan directamente a la víctima. Suelen espolear al intimidador a meterse con ella o se ríen de su humillación. A veces, fingen que aprueban la intimidación para no enfrentarse a él y convertirse en su próximo objetivo.

Para una víctima de intimidación, ver que sus iguales se muestran indiferentes o colaboran agravará el problema.

Los observadores indiferentes no toman partido y tratan de actuar como si el asunto no fuera con ellos, lo ignoran a la espera de que se resuelva por sí solo. El intimidador, sin embargo, lo interpreta como una aceptación o incluso una aprobación, y cuando la víctima está rodeada de gente que disfruta del espectáculo o hace como si no le importara, se siente todavía más sola.

En ocasiones, ni siquiera sus aliados potenciales

reaccionan, aunque la intimidación les disguste y se sientan culpables de presenciarla sin hacer nada. Temen que el acosador se vuelva contra ellos o adolecen de falta de confianza y se consideran incapaces de ayudar. La presión sutil de los iguales también les influye: al fin y al cabo, nadie se opone, ¿por qué iban a hacerlo ellos? A veces consideran la posibilidad de contárselo a un profesor u otro adulto, pero o no quieren ser etiquetados de soplones o creen que no servirá de nada.

Hay un último grupo: los testigos que apoyan o defienden a la víctima. Estos chicos intervienen o buscan ayuda, pero antes de hablar de las formas de ayudar al intimidado, conviene ver por qué tantos chicos son incapaces de actuar.

INCENTIVOS PARA ACTUAR

A veces resulta difícil intervenir. La mayoría de quienes presencian intimidación de amigos o compañeros se enfrenta al dilema de callarse o actuar.

Hay muchas razones que los convencen de no hacer nada, pero casi todas se basan en el miedo. Temen convertirse en el siguiente objetivo del intimidador, o empeorar la situación si se enfrentan a él, o ser estigmatizados por hablar ante observadores neutrales y animadores, o perder amistades por ponerse del lado de la víctima. Los que no están amedrentados se limitan a pensar que no va con ellos o no saben qué hacer.

Al no actuar, los testigos colaboran en la creación de un ambiente apropiado para el acoso, porque tienen más

Al intimidador le gusta tener público, y muchos testigos prefieren tolerar la intimidación antes de llamar su atención.

poder del que creen. En general, su silencio contribuye a la intimidación. Si un amigo tuyo está siendo intimidado, el hecho de que no intervengas le perjudica, hasta cuando estés convencido de que no hay manera posible de ayudarle. Cuando veas una intimidación, haz algo o, por lo menos, cuéntaselo a un adulto.

Si decides intervenir, asegúrate de que no corres riesgos de ser también agredido. Si esa posibilidad existe, aléjate y cuéntaselo a un adulto.

Hay muchas formas de actuar en un episodio de intimidación. Puedes decirle al intimidador que pare, y quizá entonces otros chicos que temen hablar se unan a ti, crear una distracción para llamar la atención hacia el ataque, o

RAZONES DE QUE LA VÍCTIMA CALLE

Quizá creas que las víctimas están deseando contarle la intimidación a un adulto, pero la verdad es que suelen guardar silencio.

Hay muchas razones para ello: piensan que la intimidación se debe a que son débiles y no quieren admitirlo ante sus compañeros, temen las represalias del intimidador o creen que van a rechazarlas por soplonas. Pueden pensar incluso que se la merecen debido a sus propios defectos. Recuerda que, a veces, «aprenden a ser indefensas», por lo que piensan tanto que están incapacitadas para defenderse como que los adultos no harán nada por ellas, ni siquiera intentarlo.

En ocasiones, suscriben el mito de que la intimidación forma parte del crecimiento y no hay más remedio que aguantarla. Esto no es verdad: la intimidación es un problema muy grave. No solo no «endurece a los chicos», sino que puede causar cicatrices emocionales que persistan mucho después de su conclusión.

ayudar a la víctima a marcharse, quizá invitándola a una actividad o diciéndole que un profesor quiere hablarle. Hagas lo que hagas, no recurras a la violencia.

No debe ser fácil defender a una víctima de intimidación, pero incluso recibir apoyo después de ser intimidado puede ayudar a un amigo que lo está sufriendo.

Si prefieres no llamar la atención, hay otras maneras de echar una mano a la víctima. Tras el incidente, habla con ella o envíale un mensaje de texto que le demuestre tu fidelidad, dile que estás de su parte y que la escucharás si lo necesita. Recuerda que lidiará mejor con la situación si sabe que cuenta contigo, así que, además de darle ánimos, procura incluirla en tus actividades.

También puedes hablar con el intimidador, que estará más dispuesto a escuchar en privado que frente a una multitud. Dile que te disgusta su forma de actuar y exponle tus razones sin acusarle de nada: así podrán discutir la situación con calma en vez de intercambiar insultos.

No obstante, tú solo no podrás resolver los problemas de un amigo. Una de las cosas más recomendables es animarle a buscar el asesoramiento de padres, funcionarios escolares y profesionales de salud mental con experiencia en orientar a las víctimas de intimidación.

CAPÍTULO CINCO

BUSCAR AYUDA

Como hemos dicho, si tu amigo o amiga sufre intimidación, el mero hecho de que no le des de lado le ayudará mucho. En 2012, se estrenó con gran éxito en cines de todo Estados Unidos, *BULLY*, una película que describe situaciones reales de intimidación y destruye la idea de que se trata de un rito de paso sin demasiada transcendencia. El libro del mismo título señala la importancia de contar con la amistad de un igual: «Incluso los chicos que solo tienen un amigo se enfrentan mejor a la situación que los que no tienen ninguno».

Si la víctima cuenta con un amigo, pueden ocurrir dos cosas: que esté deseando hablar del problema o que se resista a ello. Lo segundo suele deberse a que teme que la desprecies por dejarse afectar tanto por la intimidación, o que no puede hacerse nada por resolverla.

La película *BULLY* cuenta historias reales de adolescentes que combaten la intimidación. Alex, aquejado de síndrome de Asperger, pasó años soportándola.

Si te preocupa el efecto que la intimidación está teniendo en tu amigo o amiga, intenta hablar con tacto del tema para ayudarle a abrirse. En lugar de preguntarle si una persona le está intimidando, por ejemplo, menciona que hay gente que a veces trata mal a los chicos.

Recuerda que la víctima no busca tu compasión, sino tu apoyo y tu amistad. Asegúrale que no la abandonarás porque la estén intimidando. Trátala con respeto. Si le hablas de enfoques para detener el acoso, no intentes imponerle tus opiniones sin considerar su punto de vista. Como es probable que la situación la haga sentirse impotente, le vendrá bien idear una estrategia y llevarla a cabo. Recalca que no está indefensa y que dispone de opciones para hacer frente al problema.

No obstante, hay algo ineludible: incítala a contárselo a un adulto. Los chicos cometen a veces el error de pensar que los adultos no pueden hacer nada porque no entienden bien la vida escolar, y al intervenir no hacen sino empeorar las cosas. En realidad, los adultos tienen la autoridad, el conocimiento y la experiencia necesarios para combatir la intimidación.

TUS ALIADOS ADULTOS

Es posible que la víctima se resista a contárselo a los adultos, quizá por miedo a que sus compañeros la etiqueten de *chivata*, de *rata* y le den de lado. Convéncela de que no es lo mismo *soplar* que *informar*: los chicos que soplan lo hacen por motivos insignificantes y razones mezquinas, como perjudicar a alguien o llamar la atención. Cuando hay problema que es preciso resolver, y más si el bienestar de una persona está en peligro, decírselo a un adulto es contarlo, informar de él. La intimidación es un tema serio que requiere la intervención de los adultos responsables.

Los padres de la víctima tomarán medidas para protegerla del acoso. Saber lo que ha sufrido o está sufriendo les animará a pasar más tiempo con ella y a hablar más de sus inquietudes. Le darán ánimos para mejorar su autoestima, su confianza y sus habilidades sociales, o idearán estrategias para lidiar con las situaciones que puedan desembocar en intimidación. En sus manos está ponerse en contacto con funcionarios escolares, profesionales de salud mental, otros padres y, si es necesario, fuerzas policiales.

Los profesores y el personal escolar pueden mejorar la política contra la intimidación, que promueve un entorno de aprendizaje saludable y apoya a las víctimas. Los profesores deben intervenir para ponerle fin. Lo ideal es que conozcan personalmente a los alumnos involucrados, ya que así serán capaces de saber si el intimidador ha estado agrediendo a una víctima específica. En sus manos queda la responsabilidad de hacer lo necesario para evitar otros ataques, como diseñar una nueva distribución de sitios en clase, o no perder de vista a la víctima durante las actividades menos estructuradas. Los profesores y demás funcionarios escolares son también los responsables de tomar medidas disciplinarias contra el agresor. La víctima no debe descorazonarse si no recibe un castigo ejemplar. Algunos centros prefieren trabajar con ellos para cambiar su comportamiento en lugar de castigarlos: les piden que escriban una carta de disculpa para la víctima o hagan algo por ella o por la escuela. No obstante, si el intimidador persiste en su actitud, tomarán medidas más serias.

Los padres o el profesor recomendarán a la víctima que consulte con un orientador escolar, un psicólogo u otro profesional. Como puede que ella se resista debido al estigma que a veces recae sobre las enfermedades mentales, asegúrale que es muy normal ver a un terapeuta cuando se tienen problemas. Con el psicólogo u otro profesional reforzará su identidad, mejorará sus habilidades sociales, practicará la asertividad, aprenderá a resolver conflictos y manejará los sentimientos de dolor y angustia, así como las cuestiones relacionadas con la ansiedad y la depresión; conseguirá así la fortaleza necesaria para combatir nuevos episodios de intimidación y desarrollará su capacidad de hacer amistades.

Muchos centros cuentan con programas para combatir la intimidación y promover un ambiente sano. Aquí, una alumna de instituto habla del tema con estudiantes de secundaria.

CÓMO AYUDAR A UN AMIGO QUE ESTÁ SIENDO INTIMIDADO

CUANDO INTIMIDA UN PROFESOR

Nadie ignora que ciertos alumnos intimidan a otros, pero el hecho de que hay docentes que llegan a ser intimidadores no es tan conocido. En un famoso incidente de 2011, una profesora de Tennessee se burló de un alumno de preescolar por el desorden de su zona de trabajo, y animó a sus compañeros a que le hicieran oink. Según un sondeo de WebMD, el 45% de los profesores admitía haber intimidado alguna vez a sus alumnos. Les criticaban injustamente, les menospreciaban por formular preguntas sobre las lecciones o les decían que eran tontos por no entenderlas.

    Si tienes un amigo o amiga que sufre este tipo de intimidación, anímale a que se lo cuente a sus padres. Ellos tomarán las medidas precisas, como hablar con el profesor o informar a otros funcionarios escolares. No obstante, como los centros de enseñanza suelen resistirse a actuar contra sus empleados, es probable que la situación tarde en resolverse, por lo que tu ayuda será crucial.

    Los adultos son aliados indispensables para sobrevivir a la intimidación, pero, por desgracia, algunos son incapaces de identificarla y de afrontarla. En ocasiones, tanto los padres como los profesores le quitan importancia o se muestran desdeñosos. Si es el caso, no hay que rendirse: el sitio oficial del Gobierno estadounidense stopbullying.gov recomienda contárselo a un «adulto de confianza» y «hablar con todos los adultos posibles: profesores, orientadores, tutores, enfermeras, familiares... Cuantos más estén involucrados, mejor».

CONOCER LA LEY

Las víctimas de intimidación tienen la ley de su parte. Casi todos los estados de Estados Unidos disponen de leyes y políticas destinadas a combatirla. No hay una ley nacional, pero en 2011, el presidente Barack Obama organizó la primera Conferencia de la Casa Blanca sobre prevención de la intimidación. Posteriormente, el Ministerio de Educación publicó directivas sobre políticas relativas al tema y emitió informes con distintos enfoques.

En la actualidad, la mayoría de los estados dispone de leyes y políticas contra la intimidación que sirven de modelo a los distritos para desarrollar sus propias normas. Los estados aplican la ley de educación —por ejemplo, los códigos educativos estatales— y la legislación penal, que considera la intimidación como material penal. Estas leyes establecen procedimientos para darle respuesta, investigarla y castigarla.

Es conveniente que tu amigo o amiga solicite una copia de la política contra intimidación del centro escolar y consulte las leyes más relevantes.

Muchos procedimientos contra la intimidación permiten la denuncia anónima para evitar el estigma del «soplón». Por ejemplo, algunos centros disponen de líneas

John Hickenlooper, gobernador de Colorado, firma en presencia de varios alumnos una ley contra la intimidación escolar. El sitio web StopBullying.gov (http://www.stopbullying.gov) contiene las leyes de Estados Unidos sobre el tema.

telefónicas de 24 horas o de correo electrónico estrictamente confidenciales, es decir, que imposibilitan la identificación del denunciante.

Las fuerzas de seguridad también están involucradas en las políticas contra la intimidación. Las fuerzas policiales y otros funcionarios participan en iniciativas para prevenirla, informar a la comunidad de las leyes y políticas existentes, supervisar las localizaciones y acontecimientos problemáticos, investigar los episodios de acoso y reunirse con padres y alumnos. Si, además, la intimidación va acompañada de un acto delictivo, como un robo con violencia o un delito de odio, el intimidador deberá enfrentarse a cargos penales.

CAPÍTULO SEIS

ESTRATEGIAS Y RECURSOS

Para mitigar el aislamiento, el desamparo y la desesperación de la víctima, hazle saber que no está sola y que se esforzarán juntos para aumentar su confianza, a fin de que se enfrente mejor a su problema. Recuérdale que disponen de muchos sitios web que proporcionan orientación y apoyo para las situaciones de intimidación y sus secuelas. Tu amigo puede consultarlos y ver qué consejos le van mejor. No existe una solución única para resolver el problema, pero con perseverancia y confianza, tu amigo o amiga encontrará ayuda y logrará recuperar el bienestar físico y psicológico.

CONSEGUIR INFORMACIÓN

En general, la víctima de intimidación se siente tan devastada por la tortura del intimidador que se considera incapaz de hacer algo. A fin de convencerla de que no es así, ayúdala a que aproveche los recursos que tiene a su alcance para comprenderla y combatirla. Pásense por la biblioteca escolar y consulten libros que les informen y les orienten. Muchos están contados

CÓMO AYUDAR A UN AMIGO QUE ESTÁ SIENDO INTIMIDADO

desde la perspectiva del propio intimidado, y enumeran los sitios web más relevantes y la forma de contactar con organizaciones acreditadas. En las biografías y las novelas también descubrirán la forma en que otras personas se enfrentaron a la intimidación y sus consecuencias.

Busquen en internet los sitios web que tratan del asunto y aconsejan cómo actuar con los agresores. Además de proveer abundantes datos sobre la intimidación, estos sitios dan la oportunidad de manifestarse en su contra.

En ocasiones, la víctima de intimidación encuentra difícil encajar. Si refuerzas su autoestima ponderando sus cualidades, se relacionará mejor con los demás.

No olviden los recursos de su propia escuela. Tu amigo o amiga puede pedir una copia de la política del centro y preguntar por los programas que ofrece.

Además, les vendrá bien comentar las estrategias que encuentren para combatir la intimidación. Hablar de la información de los libros y los sitios web ayudará a la víctima a elegir los enfoques que más se adecúen a sus necesidades. Por ejemplo, algunos de los lugares típicos para intimidar son los pasillos, las aulas antes de clase, los vestuarios, los autobuses y la cafetería. ¿En cuáles de ellos ha sufrido más episodios de intimidación? Por regla general, los expertos aconsejan que las víctimas actúen con asertividad y no contraataquen. ¿Qué enfoque funcionaría mejor con la persona o el grupo que la intimida? Reproduzcan las situaciones de acoso para que practique cómo responder a ellas.

La víctima no debe ser tratada como si fuera frágil, ya que no desea un tratamiento especial, sino una vida normal, ni cambiar en respuesta a la intimidación; nadie debe avergonzarse de ser como es, pero eso no quita que desarrolle cualidades y conciba tácticas para enfrentarse al problema.

SEGUIR CON LA VIDA

La intimidación no encasilla a la víctima, pero puede hacer que se encierre en sí misma y pierda el interés por sus actividades favoritas. Si ves que está muy afectada, pídele que se esfuerce en salir de sí misma para reconstruir un estilo de vida saludable. Los expertos llaman a esto el *proceso de curación*. Lo ideal es que el personal escolar y los profesores resuelvan la intimidación y que la víctima recurra al apoyo de sus padres y a la orientación de un terapeuta. No obstante, estas personas no pueden logar su bienestar más de lo que puedes tú. Es ella quien debe decidirse a buscar lo mejor de la vida pese a la intimidación.

A menudo, las víctimas realizan actividades para recobrar la confianza, superar los pensamientos negativos y manejar el estrés. Estas incluyen el periodismo, el ejercicio, la meditación y la autocharla positiva. La última consiste en animarse a sí mismo; por ejemplo, cuando la víctima se ponga nerviosa antes de entrar en un aula donde haya sido

CÓMO AYUDAR A UN AMIGO QUE ESTÁ SIENDO INTIMIDADO

intimidada, debe decirse: «Soy capaz de hacerlo, y en clase voy a darlo todo».

Las actividades extraescolares, las aficiones y otras ocupaciones recreativas le darán ocasión de hacer y mantener amistades, así como de encontrar nuevos intereses. Los ejemplos incluyen clubes escolares, clases de arte en centros comunitarios, clases de música o gobierno estudiantil. Quizá prefiera algo más específico; los adolescentes LGBT fundan a veces grupos de jóvenes o alianzas gays; los chicos intimidados por ser cerebritos se apuntan a un club de ciencia. Algunas víctimas toman clases de artes marciales, no tanto por defenderse, sino por la confianza que aportan; otras se benefician de ayudar a los demás, por ejemplo, en organizaciones comunitarias o sacando a pasear los perros de un refugio.

A muchas víctimas de intimidación les ayuda narrar su experiencia en un diario. Escribir poesía o historias les ofrece también una forma de relajarse.

Asimismo, tus amigos y tú pueden participar en los programas escolares contra la intimidación. Si descubren que las políticas y los recursos son insuficientes, pueden dar los pasos necesarios para concienciar sobre el tema o pedirle al centro que adopte

EL LEGADO DE AMANDA TODD

A veces, por desgracia, la impulsora de las reformas contra la intimidación es la tragedia. En septiembre de 2012, Amanda Todd, una estudiante canadiense de quince años con un trastorno de aprendizaje, subió a internet un video titulado *Amanda Todd: Esfuerzo, Intimidación, Suicidio, Autoagresión, Lucha* en el que sostenía una serie de tarjetas con su historia escrita a mano. Cuando cursaba séptimo, fue acosada en línea por un pedófilo que, tras convencerla de que le enviara por correo una foto en toples, le pidió que hiciera para él «un espectáculo». Cuando Amanda se negó, él envió la foto a sus familiares y amigos. En lugar de apoyarla, los compañeros de clase se burlaron de ella y la intimidaron físicamente. Después, la ciberintimidación de sus iguales prosiguió pese a sus múltiples cambios de centro escolar. Amanda sufrió depresión y ansiedad, y un mes más tarde de publicar su vídeo se quitó la vida. A consecuencia de la repercusión del caso, los diputados presentaron medidas contra la intimidación en el parlamento canadiense.

Este suicidio no es el único que ha provocado la asunción de medidas legales. Vermont promulgó la Ley de Prevención contra la Intimidación tras el suicidio del chico de trece años Ryan Halligan en 2003, y Misuri la llamada *Ley de Megan* por el de Megan Meier, también de trece años, en 2006. Igual que en el caso de Amanda, había sufrido ciberintimidación.

CÓMO AYUDAR A UN AMIGO QUE ESTÁ SIENDO INTIMIDADO

un compromiso contra la intimidación, por ejemplo. Otras posibles ideas incluyen tomar medidas para detectar incidentes de acoso, ofrecer consejos a los compañeros o proyectar y comentar el documental *BULLY*.

A veces, las víctimas de intimidación se hacen fuertes mediante el activismo. Hay muchos eventos disponibles, desde carreras a manifestaciones.

CAPÍTULO SIETE

LECCIONES PARA LA VIDA

Ser la víctima de una intimidación es una experiencia traumática. Como hemos dicho, muchos adultos conservan cicatrices emocionales de por vida. Si no se trata, suele provocar consecuencias a largo plazo y afectar a las elecciones vitales y a la trayectoria profesional. Sin embargo, como destaca el proyecto Mejora, la intimidación se acaba y la vida mejora de verdad, sobre todo si hay adultos solidarios y amigos leales que ayudan a la víctima a salir adelante.

No obstante, la víctima se acordará de la experiencia pasada de cuando en cuando. Por ejemplo, en una discusión violenta le vendrán a la cabeza los ataques sufridos cuando era más joven. Estos incidentes no tienen nada de raro; cuando ocurren, el antiguo intimidado debe recordar que ya no es ninguna víctima y que los intimidadores de cualquier clase no ejercen ningún control sobre él.

Algunas antiguas víctimas adquieren incluso una sensación de fortalecimiento personal debido a su capacidad para enfrentarse a la experiencia y superarla. Estas personas descubren su entereza para combatir las adversidades y

HOSTIGAMIENTO SEXUAL O INTIMIDACIÓN

Cuando tu amigo o amiga sufre el comportamiento lesivo de sus iguales, ¿es un caso de intimidación o se trata de hostigamiento? Aunque las dos situaciones tienden a solaparse, la definición de hostigamiento es más concisa. Según stopbullying.gov, «el hostigamiento es toda conducta ofensiva grave, generalizada o persistente que crea un entorno hostil y se dirige a una clase legalmente protegida (por raza, nacionalidad, color, sexo, edad, discapacidad o religión)». Si el intimidador elige a la víctima porque sí, se trata de intimidación; si la elige por su raza, sexo o cualquier otra de las características citadas, se trata de hostigamiento. En el segundo caso, las víctimas deben recurrir a ciertas leyes estatales y federales.

El hostigamiento sexual —también llamado «acoso de género»— es todo comportamiento ofensivo relacionado con el sexo o la orientación sexual de la víctima. Los tocamientos indebidos se califican de *hostigamiento físico*; los comentarios o los avances de índole sexual se consideran *hostigamiento verbal*. La ciberintimidación puede incluir también hostigamiento sexual.

A veces, los centros escolares no tienen en cuenta este último, ya que los compañeros y hasta los profesores lo califican de *flirteo* o lo consideran intimi-

> dación. Al igual que en el caso de esta, las víctimas de hostigamiento sexual suelen resistirse a denunciarlo.

encuentran motivos para proclamar su elevado sentido de la identidad, porque han demostrado su confianza en sí mismas. Además, valoran profundamente la amistad y la ayuda que les brindaron mientras recuperaban las riendas de su vida.

LA INTIMIDACIÓN EN EL MUNDO ADULTO

Por desgracia, la intimidación no es exclusiva de la escuela, ya que también afecta a los adultos. Puede suceder en las familias, los vecindarios y las comunidades, y también por internet. Cuando Megan Meier sufrió ciberintimidación, entre sus acosadores estaba la madre de un compañero de instituto.

La intimidación entre adultos no se ha tratado en profundidad, pero el tipo que genera más controversia es la laboral. Este tipo de intimidación tiene puntos en común con la escolar, ya que incluye un desequilibrio de poder entre acosador y víctima, y se repite a lo largo del tiempo. En la escuela, los chicos se debaten entre el deseo de rendir en los estudios y la tentación de dejarlos; en el trabajo, los adultos hacen lo posible por realizar su labor aunque se sientan desgraciados. La intimidación laboral perjudica tanto la salud emocional de la víctima como sus salidas profesionales. Además, contribuye a crear un ambiente de trabajo hostil y representa un coste económico para los empleadores, debido al absentismo y al escaso rendimiento de los intimidados.

Una encuesta de 2010 citada por SFGate descubrió que el 35% de los trabajadores habían sufrido intimidación laboral. En estos casos, el acosador suele ser el jefe que, en lugar de proporcionar liderazgo, crea un ambiente de trabajo tóxico. La intimidación puede ser obvia, como en el caso de las críticas injustas o los insultos, o encubierta, cuando, por ejemplo, se hace el vacío o se sabotean proyectos. También los compañeros de trabajo pueden intimidar a la víctima y perjudicarla difundiendo rumores o excluyéndola de los acontecimientos sociales relacionados con el trabajo. Muchos de esos adultos son antiguos intimidadores escolares, o incluso víctimas de intimidación escolar.

Como ocurre con esta, las víctimas de la laboral ignoran a veces su situación, ya que la intimidación suele ser verbal o relacional, y los adultos acostumbran a comportarse con más sutileza que los niños. Cuando son conscientes de ella, en ocasiones no saben qué hacer o no quieren perder el trabajo a causa de una queja, ya que están obligadas a llevar la cuenta de los episodios de acoso e informar de ellos a un directivo o al departamento de recursos humanos. Por esta razón, cuando el intimidador es el propio director, la resolución del conflicto es todavía más complicada.

Si eres una antigua víctima de intimidación o ayudaste a una a tomar cartas en el asunto, estarás preparado para lidiar con la intimidación adulta: serás capaz de reconocerla y de negarte a interpretar el papel de víctima, y estarás familiarizado con los procedimientos para informar de ella y los recursos para recuperarse de sus consecuencias.

La intimidación laboral es un modelo de comportamiento abusivo que puede perjudicar la salud de la víctima y contribuir a la creación de un entorno estresante para todos los empleados.

CÓMO AYUDAR A UN AMIGO QUE ESTÁ SIENDO INTIMIDADO

Por otra parte, el lugar de trabajo, como el centro escolar, se beneficiará de ser consciente del problema y no dejar que la intimidación le pase factura.

GLOSARIO

AGRESIVIDAD Tendencia a actuar de forma beligerante o excesivamente enérgica.

ALIADO Un apoyo; persona u organización deseosa de ayudar o cooperar.

ANSIEDAD Estado de agitación caracterizado por pensamientos angustiosos y cambios físicos, como aumento de la tensión sanguínea.

ASERTIVIDAD Capacidad de actuar con seguridad y firmeza.

CIBERINTIMIDACIÓN Intimidación realizada con tecnología electrónica, es decir, mediante aparatos como celulares, computadoras o tabletas, y herramientas de comunicación como medios sociales, mensajes de texto, mensajería instantánea o sitios web.

CONSECUENCIA Resultado de acciones previas.

DEPRESIÓN Enfermedad mental en que los sentimientos de tristeza, pérdida, angustia o frustración interfieren con la vida diaria durante largo tiempo.

FRUSTRACIÓN Sensación de enojo o insatisfacción debida principalmente a problemas sin resolver o incapacidad para conseguir algo.

ORIENTACIÓN Consejo o ayuda, sobre todo de alguien experto o en posición de autoridad.

CÓMO AYUDAR A UN AMIGO QUE ESTÁ SIENDO INTIMIDADO

HOSTIGAMIENTO Intimidación a un miembro de una clase protegida (según la ley antidiscriminación de Estados Unidos) por raza, nacionalidad, color, sexo, edad, discapacidad o religión, que sea grave, persistente o continuada, y cree un ambiente hostil.

INTERVENIR Participar en una disputa para mediar o ponerle fin.

INTIMIDACIÓN RELACIONAL Tipo de intimidación que pretende perjudicar la reputación o las relaciones sociales del intimidado.

NEUTRAL Que no toma partido en una disputa.

OBSERVADOR Alguien que se limita a mirar lo que pasa.

PEDÓFILO Persona que siente atracción por los niños.

POLÍTICA Forma de actuar adoptada por un gobierno, una empresa u otro grupo.

SUICIDIO Acto de quitarse voluntariamente la vida.

TESTIGO Alumno que presencia una intimidación.

VÍCTIMA Persona que padece daño por culpa de otra.

PARA MÁS INFORMACIÓN

Boys Town
National Headquarters
14100 Crawford Street
Boys Town, NE 68010
(402) 498-1300
Línea directa: (800) 448-3000
Sitio web: http://www.boystown.org
Boys Town da cariño, apoyo y formación a los chicos intimidados y asus familias. Además su Boys Town National Hotline ha ayudado a millones de adolescentes, padres y familiares al borde del desastre.

BullyingCanada
471 Smythe Street
PO BOX 27009
Fredericton, NB E3B 9M1
Canada
(877) 352-4497
Sitio web: https://www.bullyingcanada.ca
BullyingCanada ofrece información, ayuda y apoyo a cualquiera que se vea envuelto en la intimidación: víctima, perpetrador, testigos, padres, personal escolar y la propia comunidad.

The BULLY Project
18 West 27th Street, 2nd Floor
New York, NY 10001
(212) 725-1220
Sitio web: http://www.thebullyproject.com
BULLY Project es la campaña inspirada por el galardonado film *BULLY*.

CÓMO AYUDAR A UN AMIGO QUE ESTÁ SIENDO INTIMIDADO

Crisis Call Center
PO Box 8016
Reno, NV 89507
(775) 784-8085
Línea directa: (800) 273-8255
Sitio web: http://www.crisiscallcenter.org
Crisis Call Center es una línea telefónica de veinticuatro horas que a menudo sirve de toma de contacto para quienes buscan apoyo, ayuda o información.

It Gets Better Project
110 South Fairfax Avenue, Suite A11-71
Los Angeles, CA 90036
Sitio web: http://www.itgetsbetter.org
El proyecto Mejora, de alcance internacional, trabaja para comunicar a lesbianas, gays, bisexuales y transexuales que todo mejora. Anima al cambio y motiva a la gente para acabar con el acoso y la intimidación.

Kids Help Phone
300-439 University Avenue
Toronto, ON M5G 1Y8
Canada
(416) 586-5437
Línea directa: (800) 668-6868
Sitio web: http://www.kidshelpphone.ca
Este teléfono canadiense de 24 horas orienta e informa a los jóvenes de veinte o menos años. Capacitados orientadores proporcionan un servicio anónimo y confidencial, sin emitir juicio alguno.

SITIOS WEB

Debido a la naturaleza cambiante de los *links* de internet, la Editorial Rosen ha confeccionado una lista en línea de sitios web relacionados con el tema de este libro. Este sitio se actualiza con regularidad. Utiliza el siguiente *link* para acceder a la lista:

http://www.rosenlinks.com/HCIH/bully

PARA LEER MÁS

Blume, Judy. *Blubber*. New York, NY: Atheneum Books for Young Readers, 2014.

Hanson-Harding, Alexandra. *How to Beat Physical Bullying* (Beating Bullying). New York, NY: Rosen Publishing, 2013.

Landau, Jennifer. *Dealing with Bullies, Cliques, and Social Stress* (The Middle School Survival Handbook). New York, NY: Rosen Publishing, 2013.

Landau, Jennifer. *How to Beat Psychological Bullying* (Beating Bullying). New York, NY: Rosen Publishing, 2013.

Langan, Paul. *Bullying in Schools: What You Need to Know*. West Berlin, NJ: Townsend Press, 2011.

Lohmann, Raychelle Cassada, and Julia V. Taylor. *The Bullying Workbook for Teens: Activities to Help You Deal with Social Aggression and Cyberbullying*. Oakland, CA: Instant Help Books, 2013.

Manrock, Aija. *The Survival Guide to Bullying: Written by a Teen*. New York, NY: Scholastic, 2015.

Medina, Meg. *Yaqui Delgado Wants to Kick your Ass*. Somerville, MA: Candlewick Press, 2013.

Metcalf, Dawn. *Dear Bully: Seventy Authors Tell Their Stories*. New York, NY: HarperTeen, 2011.

Meyer, Stephanie, et al. *Bullying Under Attack: True Stories Written by Teen Victims, Bullies and Bystanders*. Deerfield Beach, FL: Health Communications, 2013.

Porterfield, Jason. *How to Beat Social Alienation* (Beating Bullying). New York, NY: Rosen Publishing, 2013.

Scherer, Lauri S. *Cyberbullying*. Farmington Hills, MI: Greenhaven Press, 2015.

Sonneborn, Liz. *How to Beat Verbal Bullying* (Beating Bullying). New York, NY: Rosen Publishing, 2013.

BIBLIOGRAFÍA

Brown, Kristen V. "Workplace Bullying More Common than Most Think." *SFGate*, November 6, 2013 (http://www.sfgate.com/health/article/Workplace-bullying-more-common-than-most-think-4958484.php).

Carpenter, Deborah, and Cristopher J. Ferguson. *The Everything Parent's Guide to Dealing with Bullies*. Avon, MA: Adams Media, 2009.

Coloroso, Barbara. *The Bully, the Bullied, and the Bystander*. New York, HY: HarperCollins, 2008.

Dombeck, Mark. "The Long Term Effects of Bullying." MentalHelp.net, July 24, 2007 (https://www.mentalhelp.net/articles/the-long-term-effects-of-bullying/).

Fowler, Bob. "Kindergarten Teacher Has Kids Oink at Student Who Was Messy." *Knoxville News Sentinel*, April 13, 2011 (http://www.knoxnews.com/news/local/kindergarten-teacher-has-kids-oink-at-student-who-was-messy-ep-405060263-357926321.html).

Goldman, Carrie. *Bullied: What Every Parent, Teacher and Kid Need to Know about Ending the Cycle of Fear*. New York, NY: HarperCollins, 2012.

Hirsch, Lee, Cynthia Lowen, and Dina Santorelli, eds. *Bully: An Action Plan for Teachers, Parents, and Communities to Combat the Bullying Crisis*. New York, NY: Weinstein Books, 2012.

Kam, Katherine. "Teachers Who Bully." *WebMD*, 2016 (http://www.webmd.com/parenting/features/teachers-who-bully).

Kuykendall, Sally. *Bullying*. Santa Barbara, CA: Greenwood, 2012.

Middelton-Moz, Jane, and Mary Lee Zawadski. *Bullies: Strategies for Survival*. Deerfield Beach, FL: Health Communications, 2002.

Pappas, Stephanie. "The Pain of Bullying Lasts into Adulthood." *LiveScience*, February 20, 2013. (http://www.livescience.com/27279-bullying-effects-last-adulthood.html).

"Prevent Bullying." StopBullying.gov, 2016 (http://www.stopbullying.gov/prevention/index.html).

Robers, Simone, Arlan Zhang, Rachel E. Morgan, and Lauren Musu-Gillette. "Indicators of School Crime and Safety: 2014." US Department of Education, 2015 (http://nces.ed.gov/pubs2015/2015072.pdf).

Savage, Dan, and Terry Miller, eds. *It Gets Better: Coming Out, Overcoming Bullying, and Creating a Life Worth Living*. New York, NY: Dutton, 2011.

Steele, Ann. "The Psychological Effects of Bullying on Kids & Teens." MasterInPsychologyGuide.com, 2016 (http://mastersinpsychologyguide.com/articles/psychological-effects-bullying-kids-teens).

Strauss, Susan L. *Sexual Harassment and Bullying: A Guide to Keeping Kids Safe and Holding Schools Accountable*. Lanham, MD: Rowman & Littlefield Publishers, Inc., 2012.

Subramanian, Mathangi. *Bullying: It Happened to Me*. Lanham, MD: Rowman & Littlefield, 2014.

Szalavitz, Maia. "The Tragic Case of Amanda Todd." *Time*, October 16, 2012 (http://healthland.time.com/2012/10/16/the-tragic-case-of-amanda-todd/).

ÍNDICE

A
aliados adultos, 35, 38
aislamiento, 5, 7, 10, 24, 41
alcohólico, 16
ansiedad, 11, 15, 17–18, 37, 45
«aprende a ser indefenso», 16, 31
artes marciales, 44
autismo, 23
autoestima, 7, 10, 13, 15, 24, 36, 42

B
Bell, Jadin, 18
Bell, Joe, 18
BULLY, 34, 46

C
ciberintimidación, 4, 11, 26, 45, 48–49
Conferencia de la Casa Blanca sobre Prevención de la Intimidación, 39

D
delito de odio, 40
depresión, 11, 15, 18, 22, 37, 45

E
estrés, 12, 14, 17, 43

F
Facebook, 11
fuerzas policiales, 36, 40

H
Halligan, Ryan, 45
Hickenlooper, John, 40
hostigamiento, 26, 48–49

I
intimidación
  de chicas, 4
  de chicos, 4
  definición, 8
  efectos de la, 14–19
  en el mundo adulto, 49–52
  física, 7–10 26
  frente a hostigamiento, 48–49
  laboral, 50–52
  por sexo, 48
  social/relacional, 10, 26, 50
  verbal, 9–11, 26, 50
intimidadores,
  como jefes, 50
  como profesores, 38

CÓMO AYUDAR A UN AMIGO QUE ESTÁ SIENDO INTIMIDADO

consecuencias de serlo, 16

J

jóvenes LGBT, 21–22, 44

L

leyes estadounidenses sobre el tema, 39–40, 45
ley de Megan, 45
ley estadounidense contra la intimidación, 39–40

M

medios sociales, 11–12, 21
Meier, Megan, 45, 49
Mejora, 22, 47
Ministerio de Educación estadounidense, 4, 39
Misuri, 45

O

Obama, presidente Barack, 22, 39

P

policía, 6

R

razones de que la víctima calle, 31
recursos humanos, 50
respuesta «lucha o escapa», 14–15
rumores, 4, 8, 11, 21, 50

S

Savage, Dan, 22
SFGate, 50
síndrome de Asperger, 34
«soplar» frente a contar/informar, 5, 35
stopbullying.gov, 24, 39–40, 48
suicidio, 18–19, 22, 45

T

tiroteos escolares, 19
Todd, Amanda, 45
toxicomanías, 22
Twitter, 11

V

Vermont, 45

W

WebMD, 38

SOBRE LA AUTORA

Corona Brezina ha escrito numerosos libros para jóvenes adultos, varios centrados en la salud y los asuntos legales de los adolescentes. Entre ellos se encuentran *Being a Foster Child* y *Alcohol and Drug Offenses: Your Legal Rights*. Vive en Chicago, Illinois.

CRÉDITOS FOTOGRÁFICOS

Cover © iStockphoto.com/Georgia Court; p. 5 Moxie Productions/Blend Images/Getty Images; p. 7 Steve Debenport/E+/ Getty Images; pp. 9, 25 SW Productions/Photodisc/Getty Images; p. 12 David Young-Wolff/The Image Bank/Getty Images; p. 15 Thinkstock/Stockbyte/Getty Images; p. 17 Ghislain & Marie David de Lossy/The Image Bank/Getty Images; pp. 18, 40 © AP Images; p. 21 Sylvie Bouchard/Shutterstock .com; p. 23 Photographe.eu/Shutterstock; p. 28 Weston Colton/ Getty Images; p. 30 Ace Stock Limited/Alamy Stock Photo; p. 32 Juanmonino/E+/Getty Images; p. 34 © Weinstein/Courtesy Everett Collection; p. 37 David S. Holloway/Getty Images; p. 42 Jacobs Stock Photography/Photodisc/Getty Images; p. 44 Marilyn Angel Wynn/Nativestock/Getty Images; p. 46 © Janine Wiedel Photolibrary/Alamy Stock Photo; p. 51 © Burger/Phanie/ The Image Works; cover and interior pages background images © iStockphoto.com/chaluk.

Diseñador: Brian Garvey; Investigadora gráfica: Cindy Reiman; Editora: Kathy Kuhtz Campbell